AF298058

DÉPARTEMENT

DE LA

DURANCE

par

LOUIS PELLOUX

DIGNE

IMPRIMERIE CHASPOUL ET Vᵉ BARBAROUX

20, Place de l'Évêché, 20

1895

DÉPARTEMENT

DE LA

DURANCE

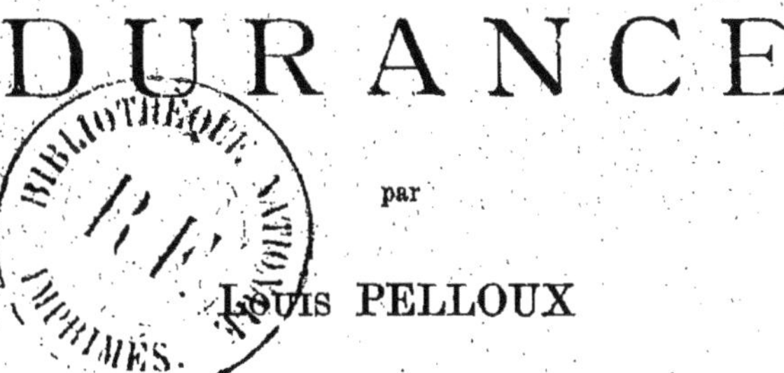

par

Louis PELLOUX

DIGNE

IMPRIMERIE CHASPOUL ET Vᵉ BARBAROUX

20, Place de l'Évêché, 20

1895

DÉPARTEMENT DE LA DURANCE

Avant la Révolution de 1789, la France était divisée en trente-deux provinces, administrées chacunes par un gouverneur possédant des pouvoirs très étendus. Primitivement, ces provinces formaient, sous le nom de *duchés* et de *comtés*, des petits États indépendants qui furent successivement et à différentes époques réunis au domaine royal. Parmi ces provinces, il y en avait de grandes, comme le Languedoc, le Dauphiné, la Provence, et de fort petites, telles que le Comté de Foix et la Saintonge ; leurs frontières n'offraient rien de régulier et chacune d'elles avait sa législation, son langage, ses coutumes, presque son autonomie et, circonstance plus grave encore, de sérieuses rivalités existaient toujours parmi les populations.

C'est pour obvier à ces graves inconvénients que l'Assemblée Constituante résolut, en octobre et novembre 1789, de modifier la division territoriale de la France. Elle nomma à cet effet une commission qui, quelques mois plus tard, proposa, par l'organe de Sieyes et de Thouret, la division en quatre-vingts départements. Mirabeau combattit vivement ce projet, quant au nombre des départements,

qu'il proposa de fixer à environ cent vingt afin de fractionner simplement les provinces, au lieu de les mutiler; de
simplifier les rouages administratifs et de mettre plus fréquemment les électeurs en rapport avec les membres du
Conseil départemental, qui devaient être au nombre de
trente-six. Cette opinion ne prévalut pas et, par arrêts du
15 janvier et 26 févier 1790, la France fut divisée en quatre-
vingt-trois départements, qui se subdivisaient à leur tour
en districts, en cantons et en communautés (1).

Quelques années plus tard, le nombre des départements
fut porté à quatre-vingt-six.

Le 22 août 1795, on supprima le *district*, que le Consulat
rétablit bientôt après sous le nom d'*arrondissement*. Le
canton devint une simple division judiciaire.

« L'Assemblée Constituante était tellement pénétrée du
caractère défectueux et transitoire de son œuvre qu'elle
déclare expressément, dans son décret du 26 février 1790,
réserver les droits des citoyens aussi bien que des administrations locales, de proposer la révision des divisions
provisoirement adoptées et *de demander ce qui paraitra
le plus convenable à l'intérêt général des administrés et
des justiciables* (2).

« Dans cette division, on ne tint compte ni des coutumes,
ni des souvenirs, ni des existences locales; on prit le sol
pour base unique ; on enleva aux provinces leurs privilèges, leur parlement, leur administration séparée ; on effaça
même leurs noms historiques, qui rappelaient des idées

---

(1) Voir le *Moniteur Universel* des 29 et 30 octobre, 3, 4, 9, 10 et 17 novembre 1789, 15 janvier et 26 février 1790.

En adoptant la proposition de Mirabeau, la question si souvent agitée de la
suppression de certaines recettes particulières et de certains tribunaux peu
importants aurait trouvé une solution facile, par suite de la rapidité des communications obtenue par les chemins de fer, le télégraphe et le téléphone.

(2) *Dictionnaire général de la Politique*, par M. Block, Ier vol., p. 644

d'indépendance, et on leur donna des noms tout physiques, qui annonçaient qu'il n'y avait plus ni duchés, ni pays d'Etats, ni Bretons, ni Provençaux, mais seulement une France et des Français (1). »

Cette nouvelle organisation devait puissamment contribuer à faire plus tard l'unité et la grandeur de la France, mais elle donna lieu à des protestations sans nombre et fit des mécontents dans toutes les classes de la société. On a dit aussi que les limites de beaucoup de départements ne s'appuient sur rien de naturel et ont été souvent calquées sur celles des anciens diocèses ; en outre, certains noms simples sont peu judicieux, et la liste des noms composés est de beaucoup trop considérable.

Par exemple, pour ne parler que de notre région, le canton de *Valréas*, qui dépend du département de Vaucluse, est tout entier enclavé dans le département de la Drôme ; n'est-ce pas absurde ? Et l'importante commune de *Vallabrègues*, située sur la rive gauche du Rhône, pourquoi fait-elle partie du département du Gard, qui occupe entièrement, sauf cette exception, la rive opposée du fleuve ?

Voici encore trois communes limitrophes, embrassant en largeur toute la vallée supérieure du Jabron, qui dépendent de trois arrondissements différents : celle des Omergues, où le Jabron a sa source, appartient à l'arrondissement de Sisteron ; celle de Montfroc, située au-dessous, à l'arrondissement de Nyons (Drôme), et celle de Curel, qui fait suite à la précédente, à l'arrondissement de Sisteron.

Et que dire du massif montagneux de la commune de Lus-la-Croix-Haute en Dévoluy (Drôme), où le Grand Buech a sa source ? N'appartient-il pas topographiquement au département des Hautes-Alpes ?

La Durance sépare sur une distance assez considérable le département des Hautes-Alpes de celui des Basses-Alpes ;

---

(1) *Histoire des Français*, par Th. Lavallée, t. IV, p. 28.

toutefois, le premier, sur bien des points, franchit la rivière et s'attribue, au-dessous du confluent de l'Ubaye, des territoires dépendant des communes de *la Sauze*, de *Bréziers* et de *Rochebrune*, qui devraient appartenir au département des Basses-Alpes. Plus bas, un lambeau du territoire de Tallard est également situé sur la rive gauche de la Durance, bien que le village soit sur la rive droite, à une certaine distance de la rivière.

Près de Sisteron et à l'ouest de l'arrondissement de Forcalquier, les limites du département des Basses-Alpes sont des plus irrégulières et ne s'appuient ni sur des montagnes, ni sur des rivières.

Du côté sud, le Verdon sert de limite commune aux départements des Basses-Alpes et du Var ; cependant le vaste triangle situé au confluent de la Durance et du Verdon appartient au département du Var ; de même, le Verdon sépare en deux parties les territoires de Gréoulx, d'Esparron, de Quinson et de Montpezat. Existe-t-il au moins dans toutes ces communes des ponts pour traverser la rivière ? C'est fort douteux.

Toutes ces délimitations sont, on en conviendra, des plus défectueuses et ne peuvent être justifiées par aucun argument sérieux ou même plausible. Aussi, un géographe distingué, On. Reclus, a-t-il pu formuler les critiques les plus sévères et dire que *les limites de beaucoup de départements ont été fixées sans soin et qu'au lieu de s'arrêter à des obstacles naturels, montagnes, faîtes, rivières ou ruisseaux, elles passent à travers champs et finissent à l'aventure* (1). Les divisions actuelles nous rappellent, en effet, celles tout aussi bizarres des anciennes vigueries et des anciens diocèses, avec leurs nombreuses enclaves.

Presque tous les noms des départements ont été empruntés à des fleuves, à des rivières et à des montagnes ; on a

---

(1) *La France*, par On. Reclus, p. 520.

même adopté, pour ces désignations, des noms composés, pour lesquels le même nom est employé plusieurs fois, ceux par exemple de *Alpes, Pyrénées, Loire* et *Seine*. On trouve le premier dans *Hautes-Alpes, Basses-Alpes* et *Alpes-Maritimes*.

Le qualificatif *Basses* joint au mot *Alpes* laisse supposer que ce département des Basses-Alpes ne possède pas de montagne élevée et n'embrasse, dans le voisinage du Rhône, que des ramifications des Alpes ; ce qui n'est pas, puisqu'il fait suite, du côté sud, à celui des Hautes-Alpes et que l'un et l'autre s'avancent, à l'est, jusqu'à la crête de la grande chaîne des Alpes ; en outre, le département des Basses-Alpes possède, tout comme son voisin, des monts très élevés, couverts de neiges éternelles, tels que l'*Aiguille de Chambeyron*, qui atteint 3,400 mètres, et le *Grand Rubren*, qui s'élève a 3,341 mètres au-dessus des mers. Les montagnes de 2,500 à 3,300 mètres d'altitude y sont très nombreuses.

Les noms composés donnés à des localités, à des départements, offrent d'assez nombreux inconvénients, notamment celui de ne pouvoir se prêter à la formation d'un *ethnique*. A ce point de vue, les noms de nos anciennes provinces étaient préférables à ceux de la plupart de nos départements ; on disait, par exemple : *les Provençaux, les Dauphinois, les Champenois, les Normands*. Aujourd'hui, nous avons *les Vauclusiens, les Ardéchois ;* mais comment appeler, pour ne citer que quelques noms, les habitants des Bouches-du-Rhône, des Alpes-Maritimes et des Pyrénées-Orientales ? Et encore ceux de certaines villes telles que *Clermont-Ferrand, Bar-sur-Aube, le Puget-Théniers,* etc. ? On donne le nom de *Bas-Alpins* (1) aux habitants du département des Basses-Alpes, mais cette

---

(1) Il existe à Marseille, depuis 1883, une société de secours mutuels appelée la *Bas-Alpine*, et un cercle dit des *Bas-Alpins*, qui, quoique fondé récemment, compte déjà environ 240 membres.

désignation n'a pu être obtenue qu'au moyen de l'élision d'une syllabe. Tous les noms *simples* de départements, de villes et de villages ont des ethniques comme *Parisien, Lyonnais, Marseillais, Aixois, Dignois,* que l'on emploie fréquemment, et d'ailleurs, ils sont courts et donnent plus de clarté au récit que les membres de phrase dont ils tiennent lieu.

Les départements portant des noms de fleuves, de rivières, sont au nombre de soixante-deux. Dans cette longue liste, figurent toutes les rivières importantes de la France et même celles de troisième et de quatrième ordre, telles que le Gard, l'Aude, la Drôme, l'Ardèche et le Var, dont le cours varie entre 50 et 140 kilomètres. Parmi les grandes rivières, deux seulement font exception, ce sont : *la Durance,* qui a pourtant un développement de 304 kilomètres, et *l'Adour,* dont le cours n'est pas inférieur à 300 kilomètres. On ne peut guère justifier de pareils oublis. Il est certain que les législateurs de 1790 ne connaissaient que très imparfaitement la topographie de la France ; les géographes eux-mêmes ne possédaient que des notions confuses sur les montagnes, les plateaux et les cours d'eau.

Pour eux, la Durance, descendue des Alpes d'une source ignorée, n'était qu'un torrent impétueux et dévastateur que maudissaient les populations riveraines, et c'était à bon droit qu'elle était considérée comme étant l'un des fléaux de la Provence. Peut-être connaissaient-ils les sombres tableaux qu'en ont faits plusieurs historiens ou géographes, notamment *Nostradamus,* qui a dit que c'était : *une rivière naturellement brusque, rapide, violente, limoneuse, furieuse, inconstante, inapprivoisable, inguéable presque partout, en tout temps dangereuse.* Il est vrai qu'avant la fin du siècle dernier il n'existait encore dans toute la partie inférieure de son cours qu'un petit nombre de digues et qu'à chaque crue les eaux ravinaient et couvraient de graviers les terres voisines ; il n'y avait pas un seul pont, et on ne pouvait traverser la rivière qu'au moyen de barques dont le service était fréquemment interrompu ; enfin on ne comptait que quelques canaux d'arrosage, qui restaient inachevés.

Tels sont les motifs qui ont probablement fait rejeter le nom de notre rivière provençale, car ce nom, dans la pensée des membres de la Commission et de l'Assémblée, n'aurait pu que déplaire aux populations riveraines.

Quelques-unes de ces imputations pouvaient autrefois être justifiées dans une certaine mesure ; mais, actuellement, il n'en est plus de même, et l'hostilité, le dénigrement, dont la Durance a été trop longtemps l'objet, n'existent plus. Depuis un demi-siècle, on a construit environ trente ponts pour la traverser ; elle fournit de l'eau potable de bonne qualité à plus de cinq cent mille habitants des départements des Bouches-du-Rhône et de Vaucluse (1); les digues se sont multipliées sur ses bords ; des surfaces très considérarables ont été conquises sur son lit ; ses eaux ne franchissent que rarement les limites que l'homme lui a tracées ; enfin elle alimente une multitude de canaux, dont plusieurs atteignent jusqu'à 100 kilomètres de longueur (2) et qui portent la fertilité et l'abondance partout où ils pénètrent (3). En un mot, la Durance n'est plus le torrent dévastateur d'autrefois, mais une rivière bienfaisante. Conséquemment, elle doit être complétement réhabilitée ; elle doit, comme ses voisines, *le Var, l'Isère, la Drôme, l'Ardèche, le*

---

(1) L'eau de la Durance est d'excellente qualité pour les besoins domestiques, quand elle est convenablement filtrée ; presque tous les habitants de Marseille, au nombre de 440,000, en font usage. Le Canal de Marseille fournit également de l'eau potable à de nombreux villages : Rognac, Velaux, Ventabren, la Fare, Lançon, Aubagne, Cassis, la Ciotat, etc.

(2) La branche principale du Canal de Marseille mesure 125 kilomètres de longueur, et celle de Carpentras 107 kilomètres.

(3) Le volume d'eau concédé pour les canaux de la Durance s'élève au chiffre énorme de 94 mètres cubes par seconde.

Gard, donner son nom à un département. Or, ce département ne saurait être que celui des *Basses-Alpes*, qui a été improprement désigné et qui appartient presque tout entier au bassin de la Durance. En outre, cette rivière lui sert de limite ou le traverse sur une longueur d'environ 130 kilomètres, depuis l'embouchure de l'Ubaye, près de *la Bréole*, jusqu'à l'extrémité sud du territoire de Corbières. C'est là encore, dans ce même département, que la Durance se constitue et qu'elle reçoit : *l'Ubaye, la Sasse, le Buech, la Bléone, l'Auzon, l'Asse, le Largue et le Verdon*, c'est-à-dire ses affluents les plus considérables.

Le nom peu significatif de *Basses-Alpes* devrait donc disparaître de la liste de nos départements, pour faire place à celui de *Durance ;* cette rivière, par ses bienfaits, par le volume d'eau considérable qu'elle fournit à l'agriculture, à l'industrie et aux besoins domestiques, a droit, mieux que beaucoup d'autres, à cet honneur, à cette distinction.

Beaucoup d'autres changements seraient nécessaires, pour faire cesser la confusion qui existe par suite de la multiplicité de certains noms de montagnes et de fleuves et pour rester fidèle aussi à la logique et à la vérité. Ainsi le département des *Basses-Pyrénées* devrait s'appeler département de *l'Adour*, du nom d'une rivière très importante ; celui des *Pyrénées-Orientales*, département du *Midi*, puisqu'il existe, à l'extrémité opposée de la France, le département *du Nord*, ou encore département du *Canigou*, pic isolé et très élevé, qui le domine dans toute son étendue. Le département du *Var* est aussi improprement désigné, puisque cette rivière appartient aujourd'hui aux *Alpes-Maritimes ;* on pourrait l'appeler département des *Maures* ou mieux encore de *la Méditerranée* (1). Et que dire du département du *Calvados,* qui doit son nom à un

---

(1) *La France,* par On. Reclus.

navire de guerre espagnol, *le Salvador*, qu'une tempête jeta sur la côte en 1588, alors que l'Espagne rêvait la conquête de l'Angleterre ?

A l'époque où la France fut divisée en départements, on ne possédait encore que des notions confuses sur la géographie physique de la terre ; les routes, fort peu nombreuses d'ailleurs, étaient mal entretenues ; la vapeur n'avait pas encore reçu ses nombreuses et utiles applications à l'industrie ; le télégraphe et le téléphone étaient inconnus, et les chemins de fer, qui semblent supprimer les distances, n'existaient pas ; en un mot, la situation économique de la France a subi, depuis un siècle, de profondes modifications ; aussi, est-il permis d'affirmer que l'organisation de 1790, faite à la hâte et à une époque troublée, ne répond qu'imparfaitement aux besoins de notre époque. Il serait cependant téméraire de demander aux membres du Parlement de faire procéder à une nouvelle division territoriale de la France, mais il est permis d'attendre de leur sollicitude, quant aux noms des départements, à leurs limites et à leurs divisions administratives, certains changements que le temps et les circonstances ont rendus nécessaires.